SRA Intervenciones tempranas de la lectura

El maíz

por Milagros Alonso
ilustrado por Ben Mahan

I0805987

McGraw Hill SRA

Bothell, WA • Chicago, IL • Columbus, OH • New York, NY

MHEonline.com

SRA

Send all inquiries to:
McGraw-Hill Education
8787 Orion Place
Columbus, OH 43240

ISBN: 978-0-02-114882-0
MHID: 0-02-114882-1

Printed in the United States of America.

7 8 9 10 11 MER 25 24 23 22 21

Óscar y María viajan con su madre y su padre.

Van al país de su madre. Es un país muy bello.
Allí se cultiva el maíz desde hace cientos de años.

Los niños van a la finca de la familia para ver cómo se cosecha el maíz sin máquinas. En el aire se siente el aroma del maíz.

Al terminar la cosecha se celebra una fiesta.
Óscar y María bailan mucho.

—María, ¡bailas muy bien! —dice el papá.

—¡Vamos, vengan todos a comer maíz!
—dice la mamá.
Hay tamales, tortillas y muchas otras cosas buenas.